Daily Log for Writers

By
Calvin R. Jones

ISBN: 978-1-63751-229-6

Index: ______________________________

Index: ______________________________

Index: ______________________________

Index: ______________________________

Index: ______________________________

Index: ______________________________

Index: ______________________________

Index: ______________________________

Index: ______________________________

Index: ______________________________

Index: ______________________________

Index: ______________________________

Index: ______________________________

Index: ______________________________

Index: ______________________________

____

Index: ______________________________

____

Index: ______________________________

____

Index: ______________________________

____

Index: ______________________________

____

Index: ______________________________

____

Index: ______________________________

____

Index: ______________________________

____

Index: ______________________________

____

Index: ______________________________

____

Index: ______________________________

____

Index: ______________________________

____

Index: ______________________________

____

Index: ______________________________

Index: ______________________________

____

Index: ______________________________

____

Index: ______________________________

____

Index: ______________________________

____

Index: ______________________________

____

Index: ______________________________

____

Index: ______________________________

____

Index: ______________________________

____

Index: ______________________________

____

Index: ______________________________

____

Index: ______________________________

____

Index: ______________________________

____

Index: ______________________________

____

Index: ______________________________

Index: ______________________________

____

Index: ______________________________

____

Index: ______________________________

____

Index: ______________________________

____

Index: ______________________________

____

Index: ______________________________

____

Index: ______________________________

____

Index: ______________________________

____

Index: ______________________________

____

Index: ______________________________

____

Index: ______________________________

____

Index: ______________________________

____

Index: ______________________________

____

Index: ______________________________

Index:

Index:

Index:

Index:

Index:

Index:

Index:

Index:

Index:

Index:

Index:

Index:

Index:

Index:

Index: ____

____

Index: ____

____

Index: ____

____

Index: ____

____

Index: ____

____

Index: ____

____

Index: ____

____

Index: ____

____

Index: ____

____

Index: ____

____

Index: ____

____

Index: ____

____

Index: ____

____

Index: ____

Index: ____

____

Index: ____

____

Index: ____

____

Index: ____

____

Index: ____

____

Index: ____

____

Index: ____

____

Index: ____

____

Index: ____

____

Index: ____

____

Index: ____

____

Index: ____

____

Index: ____

____

Index: ____

Index: ___

Index: ___

Index: ___

Index: ___

Index: ___

Index: ___

Index: ___

Index: ___

Index: ___

Index: ___

Index: ___

Index: ___

Index: ___

Index: ___

Index: ____________________

____

Index: ____________________

____

Index: ____________________

____

Index: ____________________

____

Index: ____________________

____

Index: ____________________

____

Index: ____________________

____

Index: ____________________

____

Index: ____________________

____

Index: ____________________

____

Index: ____________________

____

Index: ____________________

____

Index: ____________________

____

Index: ____________________

Index: ______________________________

____

Index: ______________________________

____

Index: ______________________________

____

Index: ______________________________

____

Index: ______________________________

____

Index: ______________________________

____

Index: ______________________________

____

Index: ______________________________

____

Index: ______________________________

____

Index: ______________________________

____

Index: ______________________________

____

Index: ______________________________

____

Index: ______________________________

____

Index: ______________________________

www.ingramcontent.com/pod-product-compliance
Lightning Source LLC
Chambersburg PA
CBHW081352070526
44583CB00020B/2534
* 9 7 8 1 6 3 7 5 1 2 2 9 6 *